Der Kohlrabi

Kunigunde Meier

Der Kohlrabi Kunigunde Meier

oder

*Warum es besser ist,
im Schulgartenunterricht
aufzupassen*

Geschrieben
von Helga Talke

Illustriert von
Johannes
Karl
Gotthardt Niedlich

Verlag Junge Welt Berlin

Fräulein Quicklein, die Schulgartenlehrerin der Hexenschule in Kleintrullervitz, stand vor der Klasse 3a und sagte: ‹In diesem Jahr werden wir in unserem Schulgarten Kohlrabi anbauen. Heute wiederholen wir, was wir bisher über den Kohlrabianbau gelernt haben.

Kunigunde Meier, erzähle uns, was du darüber weißt.›

Kunigunde Meier kaute mit angestrengtem Gesicht gerade auf irgend etwas Zähem. Sie erhob sich langsam von ihrem Stuhl, spuckte das Zähe in die hohle Hand, klebte es unter die Tischplatte und stotterte: ‹Den Kohlrabianbau beginnen wir mit dem Kauen.›

‹Wie bitte?› fragte Fräulein Quicklein.

‹Vielleicht beginnen wir lieber mit dem Kochen›, schlug Kunigunde vor.

‹Unsinn!› sagte die Lehrerin zornig.

Kunigunde seufzte. Sie krauste beide Ohren an und dachte angestrengt nach. Womit begann man bloß diesen verflixten Kohlrabianbau? Ihr fiel nichts ein.

‹Setzen!› befahl Fräulein Quicklein. ‹Du hast höllenhundsmiserabel aufgepaßt. Du bekommst eine Fünf!›

Kunigunde hatte nicht höllenhundsmiserabel aufgepaßt. Sie hatte gar nicht aufgepaßt. Statt dessen hatte sie sich Wachskerzen in die Ohren gesteckt und nachgedacht. Sie war nämlich eine Erfinderin. Ständig erfand sie neue Hexensprüche für allerlei nützliche Sachen. So hatte sie für ihren Vater eine Veilchenduftwolken verqualmende Pfeife erfunden und für die Mutter einen jodelnden Staubsauger, der auch angebrannte Töpfe auskratzte. In den Schulgartenstunden erdachte Kunigunde neue Kaugummisorten, einen Kaugummi mit Blaubeergeschmack und einen Kaugummi mit Quarkspeisengeschmack, denn Gartenarbeit interessierte sie überhaupt nicht.

Gerade heute hatte sie versucht, einen Kaugummi mit Bratkartoffelaroma zu erfinden. Leider schmeckte er noch etwas angebrannt.

Als Kunigunde sah, daß Fräulein Quicklein ihr tatsächlich eine Fünf mit roter Tinte in das Klassenbuch eintrug, wurde sie furchtbar wütend. Schließlich war sie eine Erfinderin und keine x-beliebige

Schülerin. Entschlossen setzte sie sich zurecht und hexte einen Kaugummi nach dem anderen unter Fräulein Quickleins Rock auf den Lehrerstuhl. Am Ende der Stunde klebte Fräulein Quicklein auf dem Stuhl wie eine Briefmarke auf dem Briefumschlag.

Fräulein Quicklein kannte Hexensprüche gegen Hühneraugen und gegen Gefräßigkeit. Sie kannte alle Hexensprüche zur Herstellung von Hagelschauern und Blitzen. Sie konnte Mäuse Handstand machen lassen und aus den Ärmeln Tomaten schütteln, die sie unaufmerksamen Schülern auf die Augen zu kleben pflegte. Sie kannte jedoch keinen Spruch, mit dem man Kaugummi mit Bratkartoffelaroma auflösen konnte. Deshalb blieb ihr nichts anderes übrig, als aus ihrem angeklebten Rock herauszukriechen und in ihren langen Unterhosen, die mit Röschen und bananengelben Affen bestickt waren, in das Lehrerzimmer zu flüchten.

Das hatte natürlich Folgen!

Kunigunde erhielt einen Höllenbruttadel. Das ist der schlimmste Tadel, den ein Hexenschüler bekommen kann.

‹Na, und wenn schon!› sagte Kunigunde. ‹Ich werde trotzdem eine berühmte Erfinderin, verdammtnochmalundzugenäht.›

Eine Woche darauf ging Fräulein Quicklein mit der Klasse 3a in den Schulgarten. Sie verteilte an jeden Schüler einen Spaten, eine Harke und eine Tüte Kohlrabisamen. Dann befahl sie den Schülern, mit dem Kohlrabianbau zu beginnen.

Kunigunde betrachtete grübelnd den Spaten, die Harke und die Samentüte. Wie war das doch gleich? Was machte man zuerst?

In der Wiederholungsstunde hatte sie natürlich auch nicht aufgepaßt, weil sie ja Fräulein Quicklein am Stuhl festkleben mußte. Sie hatte sich nur gemerkt, daß der Samen in die Erde mußte.

Sie packte also ihren Spaten, grub unter dem Birnbaum ein tiefes Loch und kippte den Samen aus der Tüte dort hinein. Dann schaufelte sie das Loch wieder zu, stampfte die Erde fest und schaute sich zufrieden um.

Sie war als erste fertig!

Ich werde ein wenig im Garten spazierengehen und aufräumen,

beschloß sie. Fräulein Quicklein wird es noch bereuen, daß sie einer so ordentlichen Schülerin, wie ich es bin, eine Fünf gegeben hat.

Zuerst kam sie am Misthaufen vorüber.

‹Pfui Teufel!› Sie rümpfte die Nase. ‹Was ist das für ein ekliger Abfall. Ich werde ihn in die Mülltonne befördern.›

Sie hexte drei leere Mülltonnen aus dem Müllhaus an der Straßenecke herbei und ließ den Mist darin verschwinden.

So sieht der Garten gleich viel ordentlicher aus, dachte Kunigunde befriedigt.

Unter dem Misthaufen hatte ein langer rosiger Regenwurm geschlafen. Als ihn so unvermutet die heißen, grellen Sonnenstrahlen trafen, erschrak er und versuchte verzweifelt, in die Erde hineinzukriechen.

Aber Kunigunde war schneller. Sie packte ihn am Schwanz und warf ihn über den Zaun, dem Hahn der Nachbarin Zumpel zum Fraße vor.

‹Ich befehle, daß alle Tiere sofort unseren Garten verlassen!› rief Kunigunde. ‹Ich dulde nicht, daß jemand meinen Kohlrabi belästigt. Na, wird es bald?›

Niemand gehorchte ihrem Befehl. Kunigunde schaute sich zornig um. Sie packte einen Stock, vertrieb die Kröte, die unter der Rhabarberpflanze gehockt hatte, und kullerte den Igel durch das Gartentor auf die Straße hinaus. Dann bückte sie sich, nahm eine Handvoll Kieselsteine und zielte damit auf die Amsel und die Meise, die im Fliederbusch saßen und schwatzten.

Kunigunde konnte zwar allerlei nützliche Dinge erfinden, zielen konnte sie jedoch überhaupt nicht. So geschah es, daß sie statt der Vögel Fräulein Quickleins Nasenspitze traf.

Die Lehrerin packte Kunigunde am Kragen und schüttelte sie. ‹Verdammtnochmalundzugenäht, du ungezogene Göre!› fluchte Fräulein Quicklein – was sich für eine Lehrerin eigentlich nicht gehört, aber doch einmal passieren kann.

‹Wer nicht hören will, muß fühlen!› sagte sie, vor Ärger Feuer schnaufend, und schob Kunigunde vor sich her zur Schule.

Dort angekommen, schlug sie dreimal auf den großen kupfernen Gong. Das war nur in außerordentlichen Fällen erlaubt. Alle Lehrer unterbrachen auf der Stelle ihren Unterricht und kamen in das Lehrerzimmer gelaufen. Sie setzten sich an den großen runden Tisch, und Fräulein Quicklein berichtete, was die Schülerin Kunigunde Meier im Schulgarten angerichtet hatte.

Da bekamen alle Hexenlehrer vor Entrüstung pflaumenblaue Nasen, eine Eigenart von verärgerten Hexenlehrern.

Sie faßten auf der Stelle einen Beschluß.

Die Hexenschülerin der Klasse 3a Kunigunde Meier wird wegen groben Unfugs im Unterricht und wegen höllenhundsmiserabler Aufmerksamkeit zu folgender Strafe verurteilt: Kunigunde Meier soll dasselbe Schicksal erleiden wie der von ihr mißhandelte Kohlrabisamen. Sie kann nur erlöst werden, wenn es ihr gelingt, zu einem zarten Kohlrabi heranzuwachsen, der von einem Menschen begehrt wird. Es werden ihr ab sofort alle Fähigkeiten zum Hexen aberkannt. Dreimal darf sie während ihres Kohlrabidaseins ihre Freundin Klabim zu Hilfe rufen. Die Eltern Dagobert und Agathe Meier werden schriftlich benachrichtigt.

Kunigunde wollte erschrocken rufen: Aber ich bin doch eine Erfinderin! Doch sie schaffte es nicht mehr. Mit rasender Geschwindigkeit schrumpfte sie zu einem braunen, stecknadelkopfgroßen Samenkern zusammen.

Fräulein Quicklein trug sie in den Garten und warf sie in ein tiefes Loch. Sie schaufelte kalte nasse Erde über Kunigunde und stampfte alles ordentlich fest.

Kunigunde rang nach Luft. Es war schrecklich kalt, und sie fror entsetzlich.

‹Macht nichts›, versuchte sie sich zu trösten. ‹Ich gebe mir Mühe und keime schnell. Dann wachse ich geschwind hinauf zum Sonnenlicht und wärme mich auf.›

So lag sie drei Tage und drei Nächte in dem tiefen, finsteren Loch. Das kalte Wasser durchdrang ihre Samenschale und weichte ihren Kern auf. ‹Wo bleibt nur der Keim?› klagte Kunigunde und klap-

perte laut mit den Zähnen. ‹Wer schreibt denn hier auf einer Schreibmaschine?› fragte neben ihr eine tiefe dumpfe Stimme.

‹Ich schreibe nicht, ich klappere bloß mit den Zähnen›, sagte Kunigunde erschrocken. ‹Ich friere furchtbar.›

‹Soso! Hampf, hampf!›

‹Was sagten Sie?›

‹Verzeihung, ich muß erst hinunterkauen›, erklärte der Besucher mit vollem Munde. ‹Wenn Sie gestatten, stelle ich mich vor. Ich bin Doktor Lumbricius, der Gartenarzt. Ich stamme aus der Familie der Regenwürmer. Im vergangenen Monat wurde mir für hervorragende Freßleistungen der Mampforden verliehen. Ich bin der älteste und längste Regenwurm von Kleintrullervitz.›

‹Ich heiße Kunigunde Meier›, sagte Kunigunde. ‹Wie lang sind Sie denn, Herr Doktor?›

‹Ich bin dreißig Zentimeter lang. Wenn ich weiter fleißig fresse, kann ich noch fünf Zentimeter wachsen. Aber ich wundere mich über Sie, Fräulein Meier. Warum versuchen Sie, hier unten zu keimen? Wissen Sie nicht, daß Sie hier verfaulen müssen? Warum haben Sie sich nicht unter die Erdoberfläche gelegt, wo es warm und luftig ist?›

Kunigunde erklärte verlegen: ‹Es ist eine Strafe. Ich habe im Schulgartenunterricht nicht aufgepaßt und Kohlrabisamen mißhandelt. Nun muß ich dasselbe Schicksal erleiden wie diese Samenkörner. Nur wenn ich zu einem zarten Kohlrabi heranwachse, kann ich erlöst werden.›

‹Dann sind Sie also diese unverschämte Person, die meinen Enkelsohn an einen Hahn verfüttert hat›, schnarrte der Regenwurm empört. ‹Mit Ihnen rede ich nicht! Verfaulen Sie nur. Guten Tag.›

Er drehte sich mit einem Ruck herum und kroch schnell davon.

‹Bitte bleiben Sie!› rief Kunigunde. ‹Ich tue nie wieder einem Regenwurm etwas zuleide. Ich hexe Ihnen auch eine goldene Pudelmütze und eine diamantene Schwanzspitze, wenn Sie mir helfen.›

‹Hampf, hampf!› Lumbricius machte nachdenklich halt. ‹Können Sie auch regenbogenfarbene Gürtel hexen?›

‹Das kann ich›, versicherte Kunigunde eifrig. ‹Ich kann auch

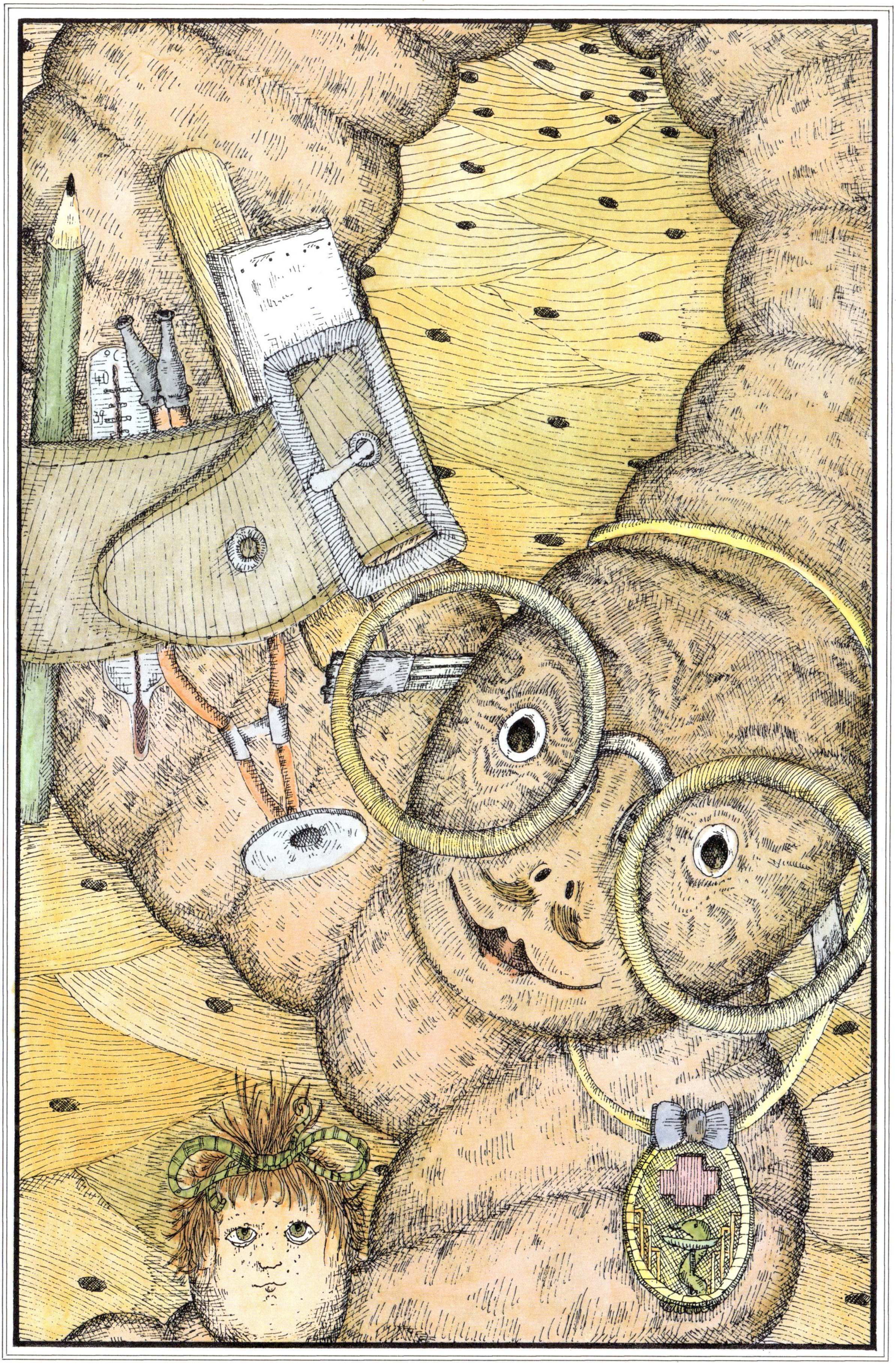

spinatgrüne und tigerfellfarbene Gürtel anfertigen, ganz wie Sie es wünschen. Aber sagen Sie mir bitte, was ich machen muß, damit ich keime.›

‹Also gut, ich werde Ihnen verzeihen›, erklärte Lumbricius würdevoll. ‹Daß mir so etwas aber nicht noch einmal vorkommt!›

‹Ich verspreche es.›

‹Gut, ich werde Ihnen ein Rezept zum Keimen ausschreiben.› Der Doktor holte einen Bleistift unter dem Gürtel hervor und schrieb:

Rezept für das Keimen

Man verteile eine Karre voll Mist gleichmäßig über ein Beet und grabe um. Dabei achte man darauf, daß beim Umgraben die unteren Bodenschichten nach oben kommen, damit die vom Regen hinuntergespülten Nährstoffe wieder in den Wurzelbereich der Pflanze gelangen. Nach dem Umgraben harke man das Beet glatt und lege den Samen in die Erde, nicht zu tief, aber gut bedeckt, damit die Vögel ihn nicht fressen können.

Samen

in der Erde festzuhalten. Gedulden Sie sich ein paar Tage. Bald werden Sie die Sonne sehen.›

Kunigunde schnaufte verlegen. ‹Und ich habe gedacht, ich mache wieder etwas falsch.›

‹Ich muß weiterfressen›, erklärte Lumbricius. ‹Wir Regenwürmer stehen im Kampf um den Titel ‚Gefräßigster Regenwurm von Kleintrullervitz'.›

‹Haben Sie nicht bereits den Mampforden?›

‹Orden kann man nie genug haben.›

‹Das ist möglich›, gab Kunigunde zu. ‹Sie haben es auch leichter als wir Hexen. Sie bekommen einen Orden, wenn Sie viel fressen. Wir bekommen nur Orden, wenn wir besonders gut arbeiten oder etwas erfinden.›

‹Du meine Güte›, schnarrte Lumbricius. ‹Meine Arbeit ist doch das Fressen. Sie sind wirklich eine außerordentlich ungebildete Person. Ich will es Ihnen erklären, hampf, hampf.›

‹Sie nuscheln so. Ich verstehe Sie kaum. Was fressen Sie denn hier bloß?› wunderte sich Kunigunde.

‹Aber ich bitte Sie, Sie sitzen mitten in den herrlichsten Leckerbissen. Ich fresse diese vorzüglichen verrotteten Strohhalme, diese köstlichen Blattreste und die Wurzelfasern. Dabei kaue ich stets ein wenig gute fette Gartenerde mit, hampf, hampf.›

‹Höre ich richtig, Sie fressen meinen Mist?› fragte Kunigunde empört. ‹Hören Sie sofort damit auf! Ich will meinen Mist allein essen. Sie selbst haben mir geraten, ich soll mich vom Mist ernähren, damit ich wachse.›

‹Sie glauben wohl gar, ich will Sie berauben?› Lumbricius war beleidigt. ‹Dabei sind Sie auf mich angewiesen, Fräulein Meier. Wenn ich Ihnen den Mist nicht zubereite, können Sie ihn gar nicht genießen. Ich verdaue die verrotteten Pflanzenteile und vermische sie mit Erde. So stelle ich Ihnen guten, feinkrümeligen Humus her. Versuchen Sie doch einmal, einen rohen Strohhalm mit Ihren Wurzeln zu kauen. Es wird Ihnen nicht gelingen.›

‹Entschuldigen Sie bitte›, murmelte Kunigunde verlegen. ‹Das

DÜNGER

wußte ich nicht. Ich weiß überhaupt sehr wenig darüber, wie ich mich als Kohlrabipflanze zu verhalten habe. Fressen Sie bitte weiter, Herr Doktor.›

‹Na, schon gut›, schnarrte der Regenwurm besänftigt. ‹Trotzdem muß ich Sie jetzt verlassen. Ich bin zum Geburtstag eingeladen. Machen Sie sich keine Sorgen. Auch wenn ich nicht da bin, wird Ihr Mist bearbeitet. Ich habe viele Helfer. Bakterien und Pilze zerkauen mit mir gemeinsam den Mist zu Humus. Allein würde ich es auch nicht schaffen.›

Der Regenwurm kroch davon. Kunigunde blieb zufrieden zurück. Durch die dünne Erdschicht fühlte sie die Wärme der Sonnenstrahlen.

Von Tag zu Tag spürte sie, daß sie kräftiger wurde. Am fünften Tag krümmte sie sich wie ein Häkchen und stemmte sich mit dem Rücken kräftig gegen die Erdoberfläche. Sie schaffte es, sie durchstieß die Erdkruste und blinzelte in das Licht.

Rasch warf Kunigunde die zerrissene braune Samenschale ab und schob aus ihrem Kern, der in zwei Hälften zersprungen war, zwei kleine herzförmige Keimblätter.

‹Hurra, ich bin ein Kohlrabi!› jubelte sie.

‹Meinje, ist das komisch›, zwitscherte eine boshafte Stimme im Geäst des Birnbaumes. ‹Sie behauptet, ein Kohlrabi zu sein. Wo haben Sie denn Ihre Knolle?›

Kunigunde sah hinauf. Im Birnbaum saß die Amsel und sah sie spöttisch an.

Kunigunde sah an sich hinab. Sie betrachtete sich von vorn und von hinten, von rechts und von links.

Die Amsel hatte recht. Kunigunde hatte keine Knolle.

‹Das kommt davon, wenn man mit Steinen wirft›, zwitscherte die Amsel und flog davon. Sie war sehr nachtragend.

‹Vielleicht wächst die Knolle noch, wenn ich tüchtig esse und trinke›, überlegte Kunigunde. Sie bildete neue feine Wurzeln und bohrte sie tiefer in die Erde hinein, dorthin, wo der von Lumbricius bereitete Humus lag.

Nach einer Woche waren ihr die ersten beiden Laubblätter gewachsen. Sie war schon zehn Zentimeter groß und konnte bis hinüber zu den Maiglöckchen sehen.

Trotzdem bekam sie keine Knolle.

‹Ich habe Ihnen ja gleich gesagt, daß aus Ihnen nie ein richtiger Kohlrabi wird›, sagte die Amsel, als sie sah, wie Kunigunde jeden Tag traurig ihren Stengel betrachtete. ‹Sie schaffen es ja nicht einmal, richtig grün zu werden. Sie sehen gelb wie ein Harzer Käse aus.›

Kunigunde schaute auf ihre Blätter. Die Amsel hatte recht. Die Blätter sahen wie die zarten gelben Salatblätter aus, die man innen im Kopfsalat findet. Alle anderen Kohlrabi, die drüben am Zaun standen, hatten kräftige dunkelgrüne Blätter.

Bestimmt habe ich die Gelbsucht, dachte Kunigunde erschrocken. Ich muß krank sein. Mir ist ja auch immerfort ein bißchen übel. Ich fühle mich so matt und schlaff, und mein Stengel hat kaum genug Kraft, um die Blätter geradezuhalten.

Sie rief dem Mistkäfer, der mit lautem Gebrumm über dem Garten kreiste, zu: ‹Bitte rufen Sie den Arzt. Er soll mir eine Medizin gegen die Gelbsucht bringen.›

‹Immer zu Diensten›, brummte der Mistkäfer und flog davon.

Dr. Lumbricius kam am Abend. Er steckte dicht neben Kunigunde seinen Kopf aus der Erde und setzte sich seine Brille auf. Sorgenvoll betrachtete er Kunigundes ungesunde blasse Farbe.

‹Leider haben Sie recht, Fräulein Meier›, schnarrte er und wiegte bekümmert den Kopf hin und her. ‹Sie sind krank. Aber Sie haben nicht die Gelbsucht, Sie sind unterernährt. Sie essen zuwenig Zucker.›

‹Das ist unmöglich›, widersprach Kunigunde schwach. ‹Ich mache den ganzen Tag nichts anderes als essen und trinken.›

‹Sie essen aber keinen Zucker. Sie ernähren sich ungesund. So werden Sie nie ein richtiger Kohlrabi.›

‹Dann beschaffen Sie mir doch Zucker›, verlangte Kunigunde. ‹Warum lassen Sie mich hungern? Ich bin schließlich festgewachsen. Ich kann nicht wie Sie herumkriechen, und deshalb kann ich keinen Zucker sammeln.›

Der Doktor seufzte über Kunigundes Dummheit. ‹Ihren Zucker müssen Sie sich selbst herstellen. Dabei kann ich Ihnen leider nicht helfen.›

‹Ich bin doch keine Zuckerrübe.›

‹Zucker können nicht nur die Zuckerrüben herstellen. Jede Pflanze kann aus der Luft Zucker gewinnen.›

‹Du meine Güte, erwarten Sie, daß ich Luft esse?›

‹Ganz recht, Sie müssen Luft zu sich nehmen. Ich werde Ihnen ein Rezept für die Zuckergewinnung aus der Luft ausstellen.›

Dr. Lumbricius zückte seinen Bleistift und schrieb:

Rezept für die Zuckerherstellung

Man pflanze den Kohlrabisetzling an eine sonnige Stelle. Dort stelle die Pflanze mit Hilfe des Lichtes Blattgrün her. Zuerst atme sie durch ihre Spaltöffnungen, die sich an der Unterseite der Blätter befinden, Luft ein. Diese Luft zerteile sie mit Hilfe des Blattgrüns wie mit einem Messer in zwei Teile, den Sauerstoff und den Kohlenstoff. Den Sauerstoff spucke die Pflanze wieder aus. Den Kohlenstoff kaue sie gründlich durch, bis daraus Zucker entstanden ist. Den fertigen Zucker lagere die Kohlrabipflanze in ihrer Knolle ein.

Luft
Luft
Sauerstoff
Kohlenstoff
Zucker
Zucker

‹Das kann ich mir nicht merken›, seufzte Kunigunde. ‹Also zuerst soll ich mich in die Sonne stellen und grünen, so wie ich mich sonst auf den Balkon lege, um braun zu werden. Ist das richtig?›

Der Regenwurm nickte. ‹Die Menschen werden aber nicht satt vom Braunwerden. Die Pflanzen dagegen ernähren sich mit Hilfe ihres Blattgrüns, das ist ein großer Unterschied.›

‹Ich verstehe›, sagte Kunigunde und schaute unter ihre Blätter. ‹Wenn ich das Blattgrün gebildet habe, atme ich durch diese Schlitze tief ein, zerteile die Luft und spucke den Sauerstoff aus.›

‹Ja, Sie dürfen ungeniert spucken. Die Menschen freuen sich darüber, weil sie den Sauerstoff zum Atmen brauchen. Deshalb arbeiten sie gern im Garten oder gehen im Wald spazieren. Dort ist die Luft reich an Sauerstoff und deshalb gesund.›

‹Ich bin also auch nützlich, wenn ich keine Knolle bekomme, weil ich gute Luft herstelle?›

‹Sehr gut!› lobte der Doktor. ‹Sie haben etwas sehr Wichtiges begriffen. Menschen und Tiere können nur leben, weil die Pflanzen sauerstoffhaltige Luft für sie herstellen.›

‹Ich werde sofort an eine sonnige Stelle umziehen›, beschloß Kunigunde.

‹Einen Augenblick›, bat der Doktor. ‹Ich muß Ihnen noch ein Rezept über das Pflanzen ausstellen. Er schrieb:

Rezept für das Pflanzen

Man pflanze am frühen Morgen oder am späten Abend. Hitze und grelle Sonne schaden den Setzlingen. Am günstigsten sind trübe, regnerische Tage. Man hebe die junge Pflanze mit einer Pflanzschippe vorsichtig heraus, so daß der Erdballen erhalten bleibt, setze sie in ein vorbereitetes Pflanzloch und drücke mit den Händen die Erde ringsherum fest. Dann gieße man den gepflanzten Setzling an. Das Wasser schwemmt die Erde dicht an die Wurzeln, die sogleich wieder Wasser und Nährstoffe aufnehmen können.

Der Regenwurm reichte Kunigunde die Rezepte. ‹Befolgen Sie meine Anweisungen, dann werden Sie sich bald erholt haben. Ich muß nun weiter. Leben Sie wohl.›

Kunigunde war zu ungeduldig, um bis zum nächsten Morgen zu warten. Sie rief hastig: ‹Krakrimex, Kuckucksei, Klabim, eile schnell herbei!›

Klabim kam angesaust. Kaum hatte sie mit den Füßen die Erde berührt, schrie sie los: ‹Bist du verrückt! Ich will gerade ins Bett gehen!›

Sie stand mit nacktem Po vor Kunigunde. Einen Strumpf hatte sie noch angezogen, den anderen hielt sie schon in der Hand.

‹Du mußt mich umpflanzen›, sagte Kunigunde und gab der Freundin das Rezept. ‹Ich bin krank.›

‹Glaubst du, ich fahre Mist, wenn ich keinen Schlüpfer anhabe?› protestierte Klabim wütend.

‹Du mußt mich umpflanzen, sonst werde ich verhungern.›

‹Ich denke nicht dran!›

‹Ich lasse dich auch einmal auf dem Besen meiner Mutter reiten›, versprach Kunigunde.

‹Schwörst du es?›

‹Beim siebenknotigen Rattenschwanz, ich schwöre es!›

‹Gut, ich pflanze dich um›, willigte Klabim ein. Der Besen, den Kunigundes Mutter besaß, flog dreimal so schnell und zweimal so hoch wie alle anderen Hexenbesen in Kleintrullervitz, und er hatte einen handgeschnitzten Stiel. Kunigunde war es eigentlich streng verboten, Mutters Besen zu benutzen. Aber manchmal, wenn die Mutter zur Abendschule gegangen war, nahm sie ihn heimlich. Für einen Ritt auf diesem Besen war Klabim bereit, nur mit Hemd und Strumpf bekleidet, ein neues Beet umzugraben und Kunigunde zu verpflanzen.

Als sie fertig war, holte sie in der Gießkanne Wasser von der Pumpe. Sie spritzte Kunigunde sorgfältig von oben bis unten naß.

‹Huch! Hach!› kreischte Kunigunde, das Pumpenwasser war eiskalt.

‹Hab dich nicht so!› sagte Klabim.

In diesem Moment geschah es. Die Nachbarin, Frau Zumpel, schaute über den Zaun. Sie sah Klabims weißen Po hell in der Abenddämmerung leuchten und erschrak furchtbar.

‹Hilfe!› schrie sie. ‹Ein Einbrecher!›

Klabim fuhr herum, knurrte wie ein Wolf, heulte wie eine Hyäne und sprühte violette Funken aus der Nase.

Sprachlos vor Schrecken floh Frau Zumpel in ihre Laube. Sie schob alle sieben Riegel vor ihre Tür, hockte sich in ihren Schaukelstuhl und wagte es die ganze Nacht lang nicht, ein Auge zu schließen. Am nächsten Morgen rannte sie in die Kaufhalle und erzählte: ‹Heute nacht sind in meinem Garten Marsmenschen gelandet. Sie haben nackte Hinterteile und Augen, groß wie Suppenteller. Ihre Nasen sind elektrisch.› Aber niemand glaubte ihr.

Kunigunde saß unterdessen auf ihrem neuen Platz und erholte sich im Morgensonnenschein. Die ganze Nacht über hatte sie gefroren. Das Wasser war aber auch zu kalt gewesen, brrr! Als sie sich ein bißchen besser fühlte, machte sie sich an die Arbeit. Sie stellte Blattgrün her, zerteilte die Luft, spuckte den Sauerstoff aus und zerkaute den Kohlenstoff zu Zucker. Er schmeckte ihr ausgezeichnet.

Von nun an wuchs Kunigunde tüchtig. Ihre Blätter wurden dunkelgrün und straff. Der Stengel kräftigte sich.

Als am Sonntag Lumbricius zu Besuch kam, fragte Kunigunde: ‹Wie gefalle ich Ihnen jetzt? Schimmern meine Blätter nicht wie Seide? Warum wächst mir bloß immer noch keine Knolle?›

‹Da müssen Sie noch ein wenig Geduld haben›, sagte Lumbricius. ‹Sie sind ein blauer Frühkohlrabi von der Sorte ‚Ideal'. Heute sind Sie drei Wochen alt. Wenn Sie 65 Tage alt werden, wird sich Ihre Knolle bilden.›

‹Ach, ist das langweilig›, rief Kunigunde. ‹Wie lange muß ich hier noch auf einem Bein stillstehen?›

‹Von der Aussaat bis zur Ernte braucht ein Frühkohlrabi 90 Tage›, erklärte Lumbricius.

‹Das halte ich nicht aus, ich komme jetzt schon fast vor Durst um›,

stöhnte Kunigunde. ‹Gießt man Sie denn nicht regelmäßig?› fragte Lumbricius erstaunt.

‹Das doofe Gießen mag ich nicht›, maulte Kunigunde. ‹Es ist mir zu kalt. Wenn meine Mutti mich kalt abbraust, schreie ich auch immer.›

‹Soso, Gießen gefällt Ihnen nicht.› Der Regenwurm schüttelte streng den Kopf. ‹Wenn Sie weiter Durst leiden, werden Ihre Blätter bald welk werden. Und bestimmt haben Sie auch schon wieder Hunger.›

‹Ein wenig›, gestand Kunigunde erstaunt. ‹Aber woher wissen Sie denn das?›

‹Weil Sie sich ohne Wasser nicht ernähren können. Die Nährstoffe, die Sie zu sich nehmen, müssen vorher in Wasser gelöst werden. Mit dem Wasser, das Sie aufsaugen, wird auch die Nahrung in alle Ihre Körperteile befördert.›

‹Ich verstehe gar nicht, warum ich schon wieder durstig bin›, sagte Kunigunde. ‹Ich habe ganz bestimmt noch nicht die ganze Gießkanne voll Wasser ausgetrunken, die Klabim über mir ausgegossen hat.›

‹Aber Sie trinken doch das Wasser nicht allein, Fräulein Meier. Die Sonne trinkt mit. Sie bohrt ihre Strahlen in die Erde und saugt das Wasser durch winzige Kanäle heraus. Sie selbst trinken auch mehr, als Sie glauben. Sie sind jetzt schon groß. Ihre vier Blätter verdunsten viel Wasser durch die Spaltöffnungen. Sie trinken an einem Tag mindestens 20 Teegläser voll Wasser aus.›

‹Wissen Sie das genau?› fragte Kunigunde ungläubig.

‹Ich behaupte nur Dinge, die ich genau weiß›, schnarrte Lumbricius. ‹Merken Sie sich das! In Ihrem ganzen Leben trinken Sie acht Eimer Wasser leer.›

‹Sie meinen also, ich muß mich wieder kalt abbrausen lassen?› ‹Nein, auf keinen Fall kalt brausen!› rief Lumbricius. ‹Eiskaltes Wasser schadet den Pflanzen. Ich werde Ihnen ein Rezept für das Bewässern ausschreiben.› Er zückte den Bleistift und schrieb:

Rezept für das Bewässern

Man gieße mit abgestandenem Wasser. Kaltes Wasser erschreckt die Pflanzen und läßt ihr Wachstum stocken. Man gieße immer nur nach Bedarf. Regnet es nicht, so gieße man einmal in der Woche durchdringend, so daß das Wasser bis in die tieferen Bodenschichten dringt. Dort erreicht es alle Wurzelteile und verdunstet nicht so schnell.

falsch
Ver-
dunstung

Kunigunde nahm das Rezept und sah hinauf zum Himmel. ‹Vielen Dank, Herr Doktor. Aber sehen Sie dort nicht die dunkle Wolke? Ich hoffe, es wird regnen. Dann muß ich Klabim nicht zum Gießen herwünschen. Ich darf sie doch nur noch einmal rufen.›

Der Regenwurm fuhr herum und beäugte den Himmel. ‹Sie scheinen recht zu haben. Hoffentlich gibt es nicht wieder eine Überschwemmung wie bei dem letzten Gewitter im April. Alle meine Gänge waren überflutet. Ich konnte mich gerade noch mit letzter Kraft vor dem Ertrinken retten.›

‹Lernen Sie doch schwimmen›, riet Kunigunde.

‹Ausgeschlossen! Ich atme durch die Haut. Wenn ich im Wasser liege, ersticke ich, ob ich nun schwimmen kann oder nicht.›

In diesem Augenblick fing es an zu regnen. Lumbricius eilte rasch davon. Kunigunde aber begann gierig zu trinken. Das Wasser war mild und angenehm. Es spülte den Staub von Kunigundes Blättern, und bald spürte sie, wie sie wieder zu Kräften kam.

So vergingen einige Wochen.

Kunigunde wurde 65 Tage alt. Gleich früh am Morgen entdeckte sie, daß ihr Stiel an einer Stelle eine kleine Verdickung bekommen hatte, nicht stärker als die Kuppe eines kleinen Fingers.

‹Na endlich›, seufzte Kunigunde erleichtert. ‹Wenn ich erlöst sein werde, spiele ich drei Tage hintereinander Hopse. Ich halte das Stillstehen auf einem Bein kaum noch aus.›

Jeden Tag wurde Kunigundes Knolle ein wenig dicker. Nach drei Tagen war sie schon so groß wie eine Kirsche.

Eines Tages erwachte Kunigunde von einer zarten Stimme, die ihr ‹guten Morgen› wünschte.

‹Guten Morgen›, antwortete Kunigunde und gähnte verschlafen. Sie schaute sich um. Dicht neben ihrem Stengel streckte eine kleine grüne Pflanze ihren Kopf aus der Erde.

‹Ihr Boden schmeckt lecker›, lobte die Besucherin.

‹Hier ist mein Platz›, sagte Kunigunde. ‹Hier können Sie nicht bleiben. Wer hat Sie überhaupt hierher gesät?›

‹Ich säe mich selbst aus. Menschliche Hilfe brauche ich nicht.

Ich bin ein Unkraut und fliege mit dem Wind. Mein Name ist Atriplex. Bitte rücken Sie Ihre Wurzeln ein Stück zur Seite. Sie behindern mich.›

‹Was erlauben Sie sich!› Kunigunde schnappte empört nach Luft. ‹Ich war zuerst hier. Ich erlaube Ihnen nicht, mein Wasser zu trinken und meine Nahrung zu stehlen.›

‹Schnick, schnack›, sagte die Pflanze Atriplex. ‹Pusten Sie sich nicht auf, sonst platzt Ihnen die Knolle. Es ist mein Recht als Unkraut, zu wachsen, wo ich will. Sie finden mich auf jedem Beet.›

‹Sie unverschämte Person, verschwinden Sie sofort!›

‹Ich denke nicht daran. Besser Sie verschwinden. Ich bin nicht allein gekommen. Fünf Schwestern von mir sind auch hier. Sehen Sie, sie schauen schon aus der Erde. Wir werden Sie verdrängen, Fräulein Brassica oleracea gongylodes.›

‹Ich bin ein blauer Frühkohlrabi, keine Brasse Dingsbums.›

‹Ja, das sage ich doch. Sie sind ein Frühkohlrabi. Deshalb heißen Sie mit Ihrem botanischen Namen ‚Brassica oleracea gongylodes'. Ich merke, Sie wissen nicht einmal, wie Sie heißen. Aber andere belehren wollen, wo sie wachsen dürfen! Was manche Leute sich herausnehmen, ist wirklich unerhört!›

‹Wozu brauche ich zwei Namen›, sagte Kunigunde. ‹Ich heiße Kohlrabi, das genügt mir.›

‹So? Und wie wollen Sie sich verständigen, wenn Sie reisen? Glauben Sie, in Polen oder Bulgarien kennen die Gärtner das Wort Kohlrabi? Man wird Sie nicht verstehen, wenn Sie sich vorstellen. Wenn Sie aber Ihren botanischen Namen nennen, dann wird man gleich wissen, wer Sie sind, ob Sie nun nach Amerika, Afrika oder Australien kommen. Er wird nämlich aus lateinischen Wörtern zusammengesetzt und gilt für alle Länder unserer Erde. Ich selbst heiße hier bei uns ‚Melde'. Mein botanischer Name in lateinischer Sprache ist ‚Atriplex', und so wünsche ich auch angesprochen zu werden.›

Kunigunde war von der Klugheit der Unkrautpflanze so beeindruckt, daß sie verstummte. Wie konnte sie es wagen, sich mit einer so gebildeten Person zu zanken. Atriplex ist ja noch klein, tröstete sie sich, und ich bin schon eine erwachsene Pflanze mit einer kirschkerngroßen Knolle. In zwanzig Tagen bin ich erntefertig. Bis dahin wird es dem Unkraut nicht gelingen, mich zu verdrängen.

Kunigunde irrte sich jedoch sehr!

Die sechs Meldepflanzen wuchsen viel schneller als sie. Sie drängten ihre Wurzeln zwischen die Wurzeln Kunigundes. Sie tranken ihr das Wasser weg und aßen ihre Nahrung. Bald hatten die sechs Schwestern Atriplex Kunigunde zwischen sich eingezwängt und überwuchert. Kunigunde stand im Schatten. Sie hungerte und welkte vor Durst, und ihre Knolle wuchs nicht weiter.

Nur noch acht Tage hatte Kunigunde Zeit, um ein richtiger Kohlrabi zu werden. Es mußte etwas geschehen, denn einen pflaumengroßen Kohlrabi mit welken Blättern kauft niemand.

Sie bat die Spinne, die ihr Netz zwischen den Zweigen eines benachbarten Strauches gesponnen hatte, den Doktor zu rufen.

Lumbricius kam wie stets in der Abenddämmerung. Kunigunde schaute kläglich zwischen den Unkrautpflanzen hervor. Er betrachtete sie besorgt.

‹Man muß sofort rings um Sie den Boden freihacken›, bestimmte er.

‹Ich darf Klabim aber nur noch ein einziges Mal zu Hilfe rufen›, sagte Kunigunde niedergeschlagen. ‹Was mache ich, wenn mir noch einmal Gefahr droht?›

Der Regenwurm kaute nachdenklich auf einem Grashalm.

‹Wenn Sie nicht vom Unkraut befreit werden, wachsen Sie nicht weiter. Sie sollten sich schnell entschließen, Ihre Freundin zu rufen, sonst wird aus Ihnen nie ein Kohlrabi, den ein Mensch begehrt. Ich schreibe Ihnen ein Rezept für das Hacken aus.›

Rezept für das Hacken

Man hacke rings um die Kohlrabipflanze gründlich den Boden und vernichte dabei alle Unkrautpflanzen. Beim Hacken werden auch die kleinen Kanäle zerstört, durch die die Sonne Wasser aus dem Boden saugt. Häufiges Hacken ist für die Pflanzen gesund. Die Bodenfeuchtigkeit bleibt länger erhalten. In den gelockerten Boden dringt Luft ein. Die Pflanze kann besser atmen. Rechtzeitiges Hacken verhindert den Unkrautwuchs. Es ist ratsam, eine Handvoll Mineraldünger einzuarbeiten, um die bereits verzehrten Nährstoffe zu ersetzen.

Wasser
Luft
Dünger
Dünger

‹Wenn Hacken so gesund ist, werde ich Ihren Rat befolgen.› Kunigunde seufzte. ‹Hoffentlich geschieht nicht noch ein Unglück, dann bin ich verloren.›

Diesmal wartete sie bis zum nächsten Morgen. Dann rief sie: ‹Krakrimex, Kuckucksei, Klabim, eile zum letzten Mal herbei!›

‹Heute paßt es ausgezeichnet›, rief Klabim, die mit einem Federhalter in der Hand auf dem Beet landete. ‹Wir schreiben gerade eine Mathematikarbeit. Nun muß ich nicht mitschreiben. Zeig mal das Rezept.›

Klabim befolgte alle Anweisungen des Regenwurmes. Bevor sie wieder ging, versprach sie: ‹In einer Woche komme ich, um dich zu ernten.›

‹Vergiß es nicht›, bat Kunigunde, ‹wenn ich zu lange in der Erde bleibe, werde ich holzig.›

Die letzten Tage wurden ihr sehr lang. Doch endlich hatte sie es geschafft. Ihre Knolle war vier Zentimeter dick geworden. Kunigunde betrachtete sich voller Freude. ‹Ich bin gewiß der schönste Kohlrabi der Kaufhalle. Kein anderer Kohlrabi wird so tiefgrüne Blätter haben und eine so zarte blauschimmernde Knolle. Die Leute werden sich um mich zanken›, dachte sie zufrieden.

Plötzlich spürte sie an ihrem linken unteren Blatt ein Stechen. Es war, als pike sie jemand mit einer Nadel.

‹Au!› schrie Kunigunde.

Gleich darauf stach es wieder, diesmal auf der anderen Blattseite. Kunigunde schaute darunter. Voller Entsetzen sah sie, daß dort winzige grüne Tiere saßen, die lange Stechborsten in ihr Blatt bohrten und von ihrem Saft tranken.

‹Man frißt mich, Hilfe!› rief Kunigunde angstvoll.

Aber sie rief nur einmal, dann verstummte sie. Es hatte ja keinen Sinn, Lumbricius herbeizurufen. Sie hatte alle drei Zauberrufe verbraucht. Kein Rezept konnte ihr mehr helfen. Sie war verloren.

Die fremden Tiere stachen wieder und wieder zu. Sie plagten Kunigunde den ganzen Nachmittag und die ganze Nacht lang. Früh, als die Sonne aufging, sah sie, daß sich das Blatt, unter dem die

Tiere saßen, kräuselte. Es sah aus wie ein zerknautschtes Stück Papier.

Es war noch nicht Mittag geworden, da spürte sie auch an ihrem rechten unteren Blatt das Stechen. Kunigunde begann zu weinen..

Der Mistkäfer, der brummend über dem Garten kreiste, schimpfte: ‹Heulen Sie nicht so laut, ich kann ja mein eigenes Brummen nicht verstehen.›

‹Sie würden auch heulen, wenn jemand Sie fressen würde.›

‹Wer frißt Sie denn?›

‹Ich weiß es nicht›, schluchzte Kunigunde. ‹Au! Oh! Sehen Sie nicht, daß mein Blatt schon ganz verkrüppelt ist?›

‹Tatsächlich!› rief der Mistkäfer. ‹Da muß sofort der Arzt gerufen werden.›

‹Lassen Sie nur, er kann mir ja doch nicht helfen›, wehrte Kunigunde schwach ab. Doch der Mistkäfer war schon davongebrummt.

Lumbricius kam so schnell angekrochen wie noch nie vorher.

Er warf einen Blick auf Kunigundes Blatt. Dann holte er eine Trillerpfeife aus seinem Gürtel und pfiff dreimal laut. Es war bis in jeden Gartenwinkel zu hören.

Sofort kam der Igel angerannt. Die Amsel kam im Sturzflug vom Baum geflogen. Die Kröte hüpfte herbei. Als letzter kam der Marienkäfer angeschwirrt.

Die vier Tiere stellten sich in Reih und Glied auf, standen stramm, und die Kröte quakte: ‹Die Gartenpolizeitruppe meldet sich einsatzbereit!›

‹Rühren!› befahl Lumbricius. ‹Wo bleibt die Meise?›

‹Sie hat Bruturlaub›, meldete die Amsel.

Lumbricius wies auf Kunigunde. ‹Dieser Kohlrabi wurde von einem Regiment Blattläuse überfallen. Ich befehle, das Ungeziefer sofort zu vernichten.›

‹Ich bin für die Vernichtung von Mäusen zuständig›, erklärte der Igel.

‹Ich fresse lieber Raupen und Schnecken›, quakte die Kröte.

HO
500
1000 g

‹Und ich denke nicht daran, einem Kohlrabi zu helfen, der mit Steinen schmeißt›, piepste die Amsel. ‹Ich fresse lieber fette, lange Regenwürmer.› Sie warf einen gierigen Blick auf Lumbricius, der erschrocken seinen Kopf in das Erdloch zurückzog. ‹Unterstehen Sie sich›, drohte er. ‹Sie sind im Dienst!›

‹Ich übernehme es, die Blattläuse zu vernichten›, erklärte der Marienkäfer und kletterte flink auf Kunigundes Blatt. ‹Ich fresse gern Blattläuse. Ich kann fünfzig Stück an einem Tag vertilgen. Sie werden sich gleich besser fühlen.›

‹Danke›, sagte Kunigunde und hörte auf zu weinen.

‹Sie dürfen es der Amsel nicht übelnehmen›, erklärte der Marienkäfer kauend. ‹Sie ist sehr tüchtig. Sie kann an einem Tag so viele Insekten und Unkrautsamen fressen, wie sie selbst wiegt. Auch die Meise hilft, den Garten in Ordnung zu halten. An einem Tag kann sie eintausend Mücken, Fliegen und Flöhe verzehren.›

Der Marienkäfer fraß eifrig bis zum Abend. Dann waren alle Blattläuse vernichtet.

‹Hoffentlich kauft mich jemand, trotz des häßlichen Blattes›, seufzte Kunigunde. Denn das Blatt war so gekräuselt geblieben. Weder Lumbricius noch der Marienkäfer konnten es wieder glätten.

Am nächsten Morgen kam Klabim. Sie schnitt Kunigunde dicht unter der Knolle ab und trug sie in den Gemüseladen.

‹Kaufen Sie ihn›, bat sie die Verkäuferin.

Die Verkäuferin betrachtete Kunigunde naserümpfend. ‹Das Blatt ist verdorben.›

‹Es ist ein Kräuselkohlrabi, eine neue Züchtung›, erklärte Klabim.

‹Mit Kräuselkohlrabi handeln wir nicht.›

‹Auch nicht mit rotem Kräuselkohlrabi?› fragte Klabim und hielt plötzlich einen Kohlrabi in der Hand, der eine Knolle wie eine Tomate hatte und Blätter wie eine Mohnblume.

‹Na so etwas!› hauchte die Verkäuferin erschrocken.

‹Ich nehme ihn›, sagte ein kleiner Junge, der alles gesehen hatte. ‹Ich soll eigentlich Suppengrün kaufen, aber ich kann ja auch

Suppenrot nehmen.› Er gab Klabim ein goldenes Zwanzigpfennigstück und griff nach dem Kohlrabi. In diesem Moment gab es einen Knall, die Kohlrabiknolle zersprang, heraus stieg Kunigunde.

‹Entschuldige bitte›, sagte sie zu dem Jungen. ‹Hier hast du einen Kaugummi.›

Sie nahm Klabim an die Hand und rannte mit ihr zurück in den Schulgarten. Auf der Bank unter dem Fliederbusch saßen Fräulein Quicklein und Doktor Lumbricius.

‹Der Doktor war mit dir zufrieden›, sagte Fräulein Quicklein. ‹Ich werde dir im Fach Schulgartenunterricht eine Zwei geben.›

‹Ich bitte nun um den neuen Gürtel›, schnarrte Lumbricius. ‹Ginge es, daß ich auch noch eine dazu passende Brillenfassung bekommen kann, hampf, hampf?›

Wie es Kunigunde weiter erging? Sie wurde eine berühmte Erfinderin, denn sie erfand den ‹kitzelnden Wecker›. Seit es diesen Wecker in jedem Hause gibt, stehen auch die größten Langschläfer sehr schnell auf.

Leider behielt sie eine Eigenschaft aus ihrem Kohlrabileben zurück. Wenn sie sich in die Sonne legte, bräunte ihre Haut nicht, sie grünte. Es dauerte nie lange, bis Kunigunde wie frisch gepflückter Spinat aussah und anfing, Würfelzucker zu spucken.

Gartenkalender

Aufgeschrieben
von Doktor Lumbricius

Für Kinder, die einen Garten haben
und gern Radieschen,
Tomaten, Kohlrabi oder Erdbeeren
selbst anbauen wollen.
Versehen mit vielen Ratschlägen zur Aufzucht
von Blumen für Kinder,
die sich und anderen mit bunten Sträußen
selbst herangezogener Blumen
eine Freude
machen wollen.

Ihr laßt euch von euren Eltern die Beete zeigen, die ihr im Frühling selbst bestellen dürft. Zuerst meßt ihr die Beete aus. Dann zeichnet ihr einen Anbauplan. Überlegt, was ihr anbauen wollt. Rechnet aus, wie viele Pflanzen auf einem Beet Platz haben. Auf der Rückseite der Samentüten ist angegeben, welchen Abstand die Saatreihen haben müssen und für wie viele Meter der Inhalt der Tüte reicht. Wollt ihr vorgezogene Erdbeer- oder Tomatenpflanzen auf eure Beete setzen, lest erst aufmerksam diesen Kalender. Ihr erfahrt, wieviel Platz ihr dafür benötigt.

Jetzt kauft ihr die Gemüsesamen und die Blumensamen ein. Für frühe Radieschen wählt ihr die Sorte ‹Bicolor›. Wollt ihr auch im Sommer Radieschen essen, nehmt außerdem noch die Sorte ‹Ilka›. Wer frühe Kohlrabi anbauen will, der kauft sich Kohlrabisamen von den Sorten ‹Nichtschießender› oder ‹Ideal›. Für den Sommeranbau sind die Sorten ‹Delikateß Weißer› oder ‹Delikateß Blauer› geeigneter.

Einjährige Blumensorten, die man gleich in das freie Land säen kann, sind am leichtesten aufzuziehen.

Die ‹Ringelblume› blüht ab Mitte Juni leuchtendgelb sechs bis acht Wochen lang. Die ‹Wucherblume› ist eine schöne Schnittblume, die von Juli bis Oktober in vielen Farben blüht. Das ‹Kapkörbchen› nennt man auch ‹Afrikanische Goldblume›. Seine großen goldorangefarbigen Blüten blühen vom Juni bis in den September hinein. Wollt ihr vom Frühsommer bis zum Herbst duftende Blumen für schöne farbige Sträuße haben, dann kauft euch den Samen der Edelwicke. Die Wicken blühen in vielen Farben, Weiß, Blutrot, Dunkelblau oder Leuchtendrosa. Sie brauchen etwa einen Meter hohe Reiser, an denen sie emporranken können. Je mehr ihr von diesen zart duftenden Blüten abschneidet, um so stärker und länger blühen die Pflanzen.

Wer auch an die fleißigen Gartenhelfer, die Vögel, denkt, sät ein paar Sonnenblumenkerne. Die Sonnenblumen blühen vom Juli bis zum September leuchtendgelb oder bronzefarben. Sie können zwei

Meter hoch werden. In den großen Blütenscheiben sitzen die Samenkörner, die im Winter gutes Vogelfutter ergeben. Wer von allen hier genannten Samensorten eine Tüte kaufen will, muß ungefähr drei Mark bezahlen. Um etwas Mineraldünger bittet ihr eure Eltern.

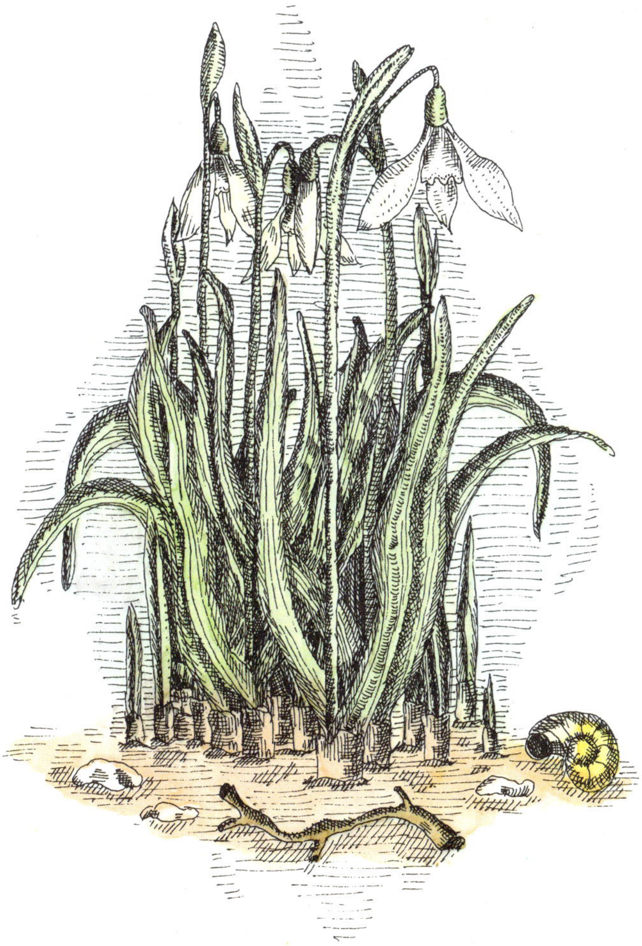

Jetzt beginnt die Arbeit im Garten. Wenn der Boden aufgetaut ist, könnt ihr bereits Anfang März die ersten Radieschen aussäen. Bei warmem Wetter sind sie schon Anfang Mai erntefertig. Die Samenkörner werden in einem Abstand von drei Zentimetern in eine zwei Zentimeter tiefe Rinne gelegt.

Auch die Edelwicken könnt ihr schon säen. Die Wickensamen sind nicht frostempfindlich.

Am Ende des Monats März können die Frühkohlrabi ausgesät werden. Die Saatreihen markiert ihr mit zwei kleinen Stöckchen. Auf eurem Anbauplan notiert ihr, wann ihr welche Sorte ausgesät habt. Wer sich im vergangenen Jahr bereits ein Erdbeerbeet angelegt hat, entfernt jetzt die alten Blätter und streut Mineraldünger zwischen die Reihen. Man benötigt eine Handvoll Dünger für einen Quadratmeter. Der Dünger wird eingehackt.

Jetzt sät ihr die Samen der Ringelblumen, der Wucherblumen und der Sonnenblumen aus. Ende April kann auch der Spätkohlrabisamen in die Erde gebracht werden. Radieschen könnt ihr den ganzen Sommer über alle vierzehn Tage in Folgesaaten aussäen. Bestimmt sind schon die Samen der im März gesäten Radieschen und Frühkohlrabi aufgegangen. Ihr könnt die Reihen deutlich erkennen. Jetzt keimen aber auch die Unkrautsamen, die sich überall selbst ausgesät haben, darum müßt ihr zwischen euren Saatreihen die Erde freihacken. Wer jede Woche einmal seine Beete hackt, wird keinen Ärger mit dem Unkraut haben. Die ganz fleißigen Kinder denken natürlich nicht nur an ihre eigenen Beete, sondern helfen auch ihren Eltern bei der Arbeit in den übrigen Teilen des Gartens.

Jetzt müßt ihr aufpassen, daß es den kleinen Pflanzen nicht an Wasser fehlt. Der Boden darf nicht austrocknen. Am besten bekommt den Pflanzen abgestandenes Wasser. Wer keine Regentonne hat, füllt früh einige Gefäße und gießt am Abend mit dem abgestandenen Wasser.

Nun werden die Frühkohlrabi gepflanzt. Ihr wählt die kräftigsten Pflanzen aus und setzt sie in einem Abstand von 30 cm auf ein Beet, das ihr mit Komposterde oder Mist und etwas Mineraldünger vorbereitet habt. Die Kohlrabi müssen ständig ausreichend gegossen werden, sonst platzen die Knollen. Je größer die Pflanzen sind, um so mehr Wasser benötigen sie. Gewöhnt euch an, die großen Pflanzen gründlich zu gießen, aber nicht öfter als einmal in der Woche. Für einen Quadratmeter Boden braucht man zehn Liter Wasser, das ist der Inhalt eines Eimers.

Nach dem 20. Mai könnt ihr Stabtomaten pflanzen. Ihr kauft in einer Gärtnerei oder in einem Blumenladen ein paar kräftige Pflanzen. Auf dem vorbereiteten Beet schlagt ihr zuerst die Tomatenpfähle in einem Abstand von 50 cm tief ein. Die Pfähle sollen 1,50 m lang sein. Dann setzt ihr die Tomatenpflanzen mit dem gut angefeuchteten Wurzelballen so tief in das Pflanzloch, daß die ersten Laubblätter über der Erdoberfläche bleiben. Auf diese Weise bildet die Pflanze am unteren Teil des Stammes zusätzlich Wurzeln. Ihr bindet alle Tomatenpflanzen gleich an und geizt sie aus. Unter Ausgeizen versteht man das Ausbrechen der Seitentriebe mit dem Finger. Die Geiztriebe dürfen nie länger als zehn Zentimeter werden, sonst schwächen sie den Haupttrieb.

Wenn die Blumenpflanzen in den Reihen zu dicht stehen, dann zieht ihr die schwächsten Pflanzen heraus. Sie behindern sich sonst in ihrem Wachstum und bleiben schwächlich. Gebt auch den Blumen etwas Mineraldünger. Aber aufpassen, der Dünger darf nicht auf die Blätter fallen, sonst verbrennen sie!

Habt ihr schon die ersten Radieschen geerntet?

Die Ringelblumen beginnen nun zu blühen. Vielleicht könnt ihr auch von den Wicken bereits die ersten duftenden Blüten abschneiden. Bestimmt haben die Kohlrabi schon kleine Knollen gebildet, und wer im vergangenen Jahr bereits Erdbeeren gepflanzt hat, kann jetzt schon von den süßen Früchten naschen. Wer sich ein Erdbeerbeet neu anlegen will, der markiert auf dem Erdbeerbeet der Eltern die Pflanzen, die die meisten Früchte tragen, mit einem farbigen Trinkhalm. So sucht ihr euch die Mutterpflanzen aus, von denen ihr die jungen Pflanzen für euer Beet gewinnt. Erdbeerpflanzen, die viele Beeren tragen, vererben diese gute Eigenschaft auch auf ihre Kinder, die ‹Ausläufer›.

Die zweite Junihälfte ist die beste Pflanzzeit für die Spätkohlrabi. Ihr könnt sie dort pflanzen, wo vorher die Radieschen standen, die jetzt schon aufgegessen sind. Vergeßt nicht, alle vierzehn Tage die Tomaten auszugeizen und anzubinden. Wie eure Eltern bringt auch ihr natürlich alle Gartenabfälle auf den Komposthaufen.

Jetzt blüht auch das Kapkörbchen. Die Frühkohlrabi sind erntefertig. Wenn ihr die zarten Knollen roh eßt, werft die Blätter nicht fort. Sie enthalten die wertvollsten Stoffe des Kohlrabi. Gebt sie eurer Mutter für die Gemüsesuppe. Wenn die Tomaten am ersten Blütenstand so groß wie Walnüsse geworden sind, müßt ihr die Pflanzen noch einmal mit etwas Mineraldünger düngen. Die Erdbeeren habt ihr abgeerntet. Bereits Ende Juni haben die Erdbeerpflanzen Ausläufer gebildet. Alle Erdbeerpflanzen, die ihr nicht als Mutterpflanzen vorgesehen habt, rankt ihr ab. Um die Mutterpflanzen herum lockert ihr den Boden und drückt die Wurzeln der Jungpflanzen hinein. Ihr gießt häufig mit feinem Strahl, damit die kleinen Pflanzen schnell anwachsen. Wenn die Jungpflanzen gut angewachsen sind, schneidet ihr, zehn Tage bevor ihr sie umpflanzt, die Ranken durch. Die kleinen Pflanzen werden jetzt nicht mehr von den Mutterpflanzen mit ernährt, dadurch werden sie angeregt, schnell viele kräftige Wurzeln zu bilden. Ende Juli könnt ihr sie bereits auf ein gut mit Kompost oder Mist und Mineraldünger vorbereitetes Beet umpflanzen. Am günstigsten pflanzt man abends nach einem Regen. Die Wurzelballen bleiben so am besten erhalten. Hat es nicht geregnet, so gießt die Erdbeeren gründlich mehrere Stunden vor dem Pflanzen. Beim Pflanzen dürfen die Wurzeln nicht geknickt werden. Das Pflanzloch muß tief genug sein. Aber achtet darauf, daß die Herzblätter im Inneren der Pflanzen frei stehen. Um die Pflanze herum wird die Erde angedrückt und angegossen. Der Pflanzabstand in der Reihe beträgt 20 cm, der Reihenabstand 60 cm. In den nächsten Tagen müßt ihr wiederholt gießen. Gesunde Pflanzen sind bereits nach zwei bis drei Tagen angewachsen. Sie können zwei bis drei Jahre auf diesem Beet stehenbleiben.

Die ersten Sonnenblumen sind aufgeblüht. Ihr könnt bereits Tomaten essen. Wer fleißig war und alle Ratschläge befolgt hat, kann bis zu drei Pfund Tomaten von einer Pflanze ernten. Die Tomatenpflanzen werden jetzt über dem vierten Blütenstand geköpft. Ein Blatt darüber läßt man stehen. Die nachfolgenden Fruchtstände würden nicht mehr reif werden. Auch jetzt müßt ihr immer noch die Nebentriebe entfernen.

Wer schon im April des nächsten Jahres blühende Blumen haben will, der kann sich ein paar Tulpenzwiebeln kaufen und sie acht Zentimeter tief in die Erde stecken. Von den Sonnenblumen erntet ihr nur dann die Kerne, wenn ihr sie jetzt vor Vogelfraß schützt. Umhüllt die Blumen mit Tüll oder anderem durchlässigem Stoff. Endlich sind auch die Spätkohlrabi reif geworden.

Jetzt grabt ihr alle abgeernteten Beete mit einem Spaten um. Dabei könnt ihr Komposterde oder Mist mit einarbeiten. Die bei jedem Spatenstich entstandene Scholle muß unzerkleinert liegenbleiben. So können Frost und Schnee leichter in die Erde eindringen und sie mürbe machen. Wenn ihr erst im Frühjahr Zeit zum Umgraben habt, müßt ihr die Beete glattharken, damit sie nicht austrocknen. Die Erdbeeren werden zum letzten Mal abgerankt. Zwischen die Reihen legt man Mist oder Komposterde.

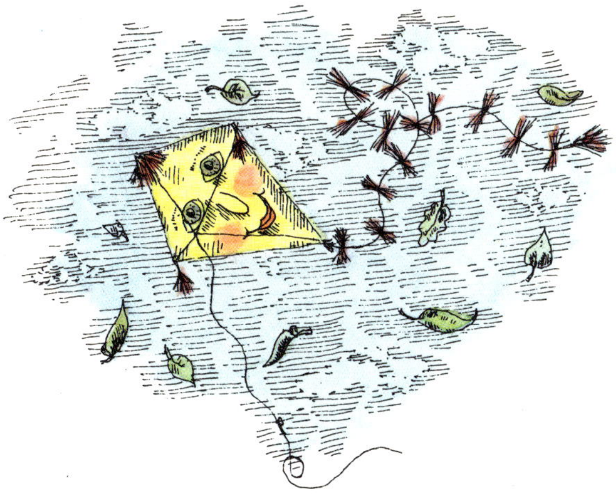

Die Gartengeräte werden gesäubert und aufgeräumt. Wenn es schneit, könnt ihr Sonnenblumenkerne in das Futterhäuschen streuen und Meisenringe aufhängen. Legt kein Brot, keine Kartoffeln oder Kuchenreste als Vogelfutter hin. Die Vögel können davon sterben.

Hat euch die Gartenarbeit Spaß gemacht? Vielleicht habt ihr Lust bekommen, im nächsten Jahr Gurken, Kürbisse oder Himbeeren anzubauen. Lest in Vaters Gartenbuch nach, dort findet ihr sicher Ratschläge dafür. Wer geschickt ist, bastelt jetzt einen Nistkasten für die Vögel im Frühjahr. Wenn ihr einen neuen Gartenplan aufstellt, denkt daran, daß die Pflanzen jedes Jahr einen anderen Platz bekommen sollten. Wenn die gleichen Pflanzen immer an der gleichen Stelle stehen, ermüdet der Boden, und der Ertrag läßt nach.

Euer Doktor Lumbricius

3. Auflage
Druckgenehmigungsnummer: 715/32/86
LSV: 7852
Printed in the German Democratic Republic
Gesamtherstellung: Grafischer Großbetrieb
Sachsendruck Plauen
Bestellnummer: 683 323 5
Lektor: Irene Kahlau
Typografie: Sylvia Brendel
Für Leser von 7 Jahren an
00950